CATALOGUE
DE TABLEAUX
des diverses écoles.

(Le peu de temps qui nous reste pour l'impression, nous oblige de livrer à la composition nos premiers matériaux et de diviser notre Catalogue en deux parties.

PREMIÈRE PARTIE.

ÉCOLE FRANÇAISE.

BOUCHER (François).

1 — Dans un parc, au pied d'une fontaine, deux jeunes gens, ayant lutté sur leurs instrumens en présence d'une jeune fille, sont dans l'attente du prix qu'elle réserve au vainqueur.

Que de grâces et que d'art embellissent cette aimable et simple composition !

2 — Une jeune fille s'apprête à se baigner dans un bassin alimenté par une cascade qui tombe du haut d'un rocher.

3 — Tête de jeune fille.

BOUCHER (Ecole de).

4 — Paysage. Trois personnages sont arrêtés au bord d'une rivière coulant entre des rochers.

5 — Sujet pastoral. Un pâtre joue de la cornemuse auprès de deux jeunes filles qui gardent des moutons.

6 — Deux tableaux; scènes d'intérieur: dans l'un, une dame est appuyée sur le berceau de son enfant qui joue avec des petits chats; dans l'autre, une jeune mère tient entre ses genoux son enfant, s'amusant à donner à manger du feuillage à une chèvre.

CHANCOURTOIS.

7 — La mort des enfans de Niobé : paysage historique. Près des portes de Thèbes, le peuple en effroi se sauve de toutes parts à l'aspect de Diane et d'Apollon qui, du haut des nues, décochent des flèches sur les enfans de Niobé; plusieurs ont déjà succombé et cette mère infortunée, couvrant les plus jeunes de ses vêtemens, implore la miséricorde de Diane.

Composition d'un bel aspect.

CHARDIN.

8 — Tonneau, chaudrons, vases de terre, paniers, bouteilles, groupés ensemble dans une salle

avril 1839
3 Avril 1839

CATALOGUE

D'UNE INTÉRESSANTE COLLECTION

DE TABLEAUX,

DES ÉCOLES ITALIENNE, FLAMANDE, HOLLANDAISE
ET FRANÇAISE,

DONT LA VENTE AURA LIEU

Les Mardi 2 et Mercredi 3 Avril 1839, à midi,

HOTEL DE LA RUE DES JEUNEURS,
GRANDE SALLE N. 1,

Par le ministère de M° BENOU, Commissaire-Priseur, rue Taranne, 11 ;

Avec l'assistance de M. GEORGE, Commissaire-Expert du Musée royal, rue Traversière-Saint-Honoré, 41 ;

Chez lesquels se distribue le présent Catalogue.

EXPOSITION PUBLIQUE
Le Lundi 1er Avril, de midi à cinq heures.

PARIS.
MAULDE ET RENOU, IMPRIMEURS,
Rue Bailleul, 9-11, près du Louvre.

(1577)   1839

AVERTISSEMENT.

Les peintres de notre ancienne école française, si injustement délaissés depuis près d'un demi-siècle, reprennent peu à peu la faveur qu'ils avaient perdue. Ces ingénieuses et agréables productions des Wateau et des Boucher, reléguées jusque dans les greniers, reparaissent enfin, et viennent attester du goût, de l'esprit et de la grâce qui présidaient à leurs compositions. Nous ne sommes pas de ceux qui suivent aveuglément la bizarrerie des goûts et les caprices de la mode : loin de partager la trop grande admiration de nos devanciers pour les peintres du dernier siècle, nous ne voudrions certainement pas les voir replacer au dessus du rang que leur assigne leur mérite ; mais nous aimons à nous féliciter les premiers, de les voir retirer du profond oubli dans lequel ils étaient tombés, ne fût-ce que par amour bien naturel pour notre école et pour exciter l'émulation de nos jeunes artistes. C'est donc avec plaisir que nous signalons, comme faisant partie de cette vente, des tableaux de Greuze, Boucher, Vanloo, Chardin, Lagrenée, Lancret, Natoire, Nattier, etc., etc.

En contraste avec ces légères compositions, nous avons à annoncer une série de vingt tableaux de l'ancienne école italienne des quatorzième et quinzième siècles. Ce sont assurément des productions assez curieuses et assez intéressantes pour l'amateur qui sait apprécier le génie de ces artistes créateurs qui ont tracé la route aux grands maîtres de la brillante époque de la peinture.

Dans l'école flamande et hollandaise, nous possédons aussi quelques uns de ces maîtres dont les ouvrages sont recherchés dans tous les cabinets.

basse, au fond de laquelle une femme est occupée à repasser du linge.

Petit tableau composé à la manière des ouvrages de Kalf, et en ayant tout le mérite.

COYPEL.

9 — Artémise tenant un vase qui contient des cendres de Mausole, les fait mêler à la boisson qu'elle a coutume de prendre, comme voulant convertir le corps de son époux en sa propre substance.

FASSENS (Le chevalier).

10 — Une femme, tenant sur ses genoux un jeune enfant endormi, cause avec un pâtre appuyé contre un arbre; ils surveillent tous deux un troupeau de gros et menu bétail paissant devant la lisière d'un bois.

GREUZE (Jean-Baptiste).

11 — Jeune fille dont le regard exprime l'attente et l'inquiétude : un simple ruban relève ses cheveux et ses épaules sont couvertes d'un fichu jaune.

Tout ce que l'entente de la couleur peut produire de plus parfait, se retrouve dans cette jolie figure; mais quel qu'en soit le mérite dans cette partie de l'art, il le cède peut-être encore à celui du sentiment

GROS (Antoine-Jean).

12 — Portrait de la princesse Belgioioso, pinçant de la lyre.

Toutes les productions des grands peintres intéressent, même celles de leurs premiers temps, surtout quand elles retracent les portraits de personnes qui ont joui d'une certaine célébrité.

LAGRENÉE.

13 — Une jeune femme sortant du bain, et assise contre un arbre, essuie ses pieds humides.

M. LAJOIE.

14 — Fête de campagne, à la porte d'un cabaret, sur une grande route.

LANCRET (Nicolas).

15 — Du haut de la galerie du péristyle d'un palais, plusieurs personnes regardent une brillante société, réunie dans la cour d'honneur : au milieu de la composition, un cavalier et sa dame commencent une danse légère ; leurs pas sont guidés par un nombreux orchestre, devant lequel des groupes de jeunes gens se livrent à des conversations galantes ; à droite, un joueur de vielle semble envoyé exprès pour épier un couple amoureux.

Ce tableau sort de plusieurs beaux cabinets, où il a toujours passé pour être de

Lancret. Telle était aussi l'opinion de son
dernier propriétaire. Dans tous les cas, son
exécution si soignée, et sa brillante clarté ne
pouvaient que le faire attribuer à un maître
tout au moins aussi habile.

LANCRET (Genre de).

16 — Deux dames, un jeune homme et un petit enfant
se reposent sur un tertre élevé, à l'ombre
d'un massif d'arbres ; l'une d'elles tient un
télescope et le dirige vers un point du ciel
que lui indique le jeune homme; l'autre joue
au bilboquet, et la petite fille regarde aussi
à travers un télescope.

LAVREINCE (Nicolas).

17 — Des personnages de la cour de Louis XVI font
une collation sur le perron d'un parc.

LÉPICIÉ.

18 — Un pauvre petit enfant implore le pardon de sa
mère, qui s'apprête à le fouetter, pour une
faute qu'il a commise.

METTAY (Pierre).

19 — Jupiter et Léda. Gracieuse composition qui en
rappelle une à peu près semblable, gravée
d'après Boucher.

NATOIRE.

20 — Anges et chérubins, en adoration devant l'Enfant Jésus.

NATTIER (Jean-Marc).

21 — Portrait de la duchesse de Bourbon, mère du duc d'Enghien, représentée en habits de religieuse, les mains appuyées sur la balustrade d'une travée d'église.

PATER (Genre de).

22 — Dans les bosquets d'un parc, taillés à la française, une nombreuse réunion de gens de qualité s'est fait servir un repas : Arlequin, choisi pour le héros de la fête, est travesti en gentilhomme; après de nombreuses libations, il tombe de son siége et est relevé par Pierrot : tous les regards se portent sur lui.

VANGORP.

23 — Une jeune servante tient par les lisières un petit enfant qui cherche, en vacillant, à gagner les genoux de sa mère.

VANLOO (Amédée).

24 — La Séduction et l'Abandon. Deux charmantes compositions des plus agréables pour l'ornement d'un boudoir. Elles ont été gravées.

WATEAU (Attribué à Antoine).

25 — A l'entrée d'un parc et près d'une fontaine, quatre personnes, servies par deux domestiques, font une collation champêtre, à l'ombre d'un frais feuillage ; non loin d'eux, un cavalier courtise une jeune fille.

Quelques retouches nuisent à ce tableau ; mais la légèreté et la facilité de l'exécution, ainsi que l'harmonie de la couleur, l'ont fait considérer de tout temps comme l'ouvrage de Wateau.

WATEAU (D'après).

26 — La Mascarade.

ÉCOLES FLAMANDE ET HOLANDAISE.

ASCH (Pierre Van).

27 — Un homme, conduisant un mulet, descend un coteau boisé, qui domine un pays où l'on découvre le clocher d'un village.

BACKER (Jacques).

28 — Portrait d'une jeune fille, couronnée de fleurs ; elle tient une houlette à la main ; ses jolis cheveux blonds tombent en longues boucles ondoyantes sur ses épaules.

Backer était considéré comme un des premiers peintres de son temps; ses ouvrages sont peu connus aujourd'hui.

BEGYN (Abraham).

29 — Grand paysage, indiquant l'entrée d'une forêt, plantée sur des terrains sablonneux, et traversée par une route conduisant à un bois situé dans un bas-fond. Le premier plan est arrosé par une mare d'eau que s'apprête à traverser un pâtre, conduisant son troupeau, composé de trois vaches, deux chèvres et une brebis; ce pâtre, monté sur un âne, indique le chemin à une villageoise. Ce paysage, peint largement, et d'un bon effet, est traité tout-à-fait à la manière de Berchem, dont ce peintre est un des meilleurs élèves.

BREENBERG (Bartholomé).

30 — Intérieur de la grotte de Pouzzole.

COSSIAU (J.-J.-D.)

31 — Des fabriques, indiquant une ville, sont construites sur d'énormes masses de rochers entremêlés d'arbustes, et d'où découle une source d'eau; en devant, une femme montée sur un mulet, et suivie d'un villageois, demande son chemin à une autre femme qui file une quenouille, tout en causant avec un homme assis près d'elle.

Ce peintre flamand a étudié en Italie les ouvrages du Guaspre.

DOES (Simon Vander).

32 — Au milieu d'un paysage entrecoupé de collines boisées, sur l'une desquelles s'élève une tour en ruine, un pâtre vient de puiser de l'eau à une citerne pour abreuver son troupeau, composé de vaches, de chèvres et de brebis.

Jacques et Simon Vander Does ont peint les moutons et leur laine avec une égale habileté, mais les productions de ce dernier ont l'incomparable avantage d'être toujours claires, tandis que celles de son frère sont souvent trop sombres. Dans ce joli paysage il fait preuve d'une grande suavité de pinceau et d'une admirable entente d'harmonie.

DROOGSLOOT.

33 — Village pillé et incendié par des soldats qui emmènent les paysans prisonniers.

DYCK (d'après Van).

34 — Une sainte femme, une palme à la main, en adoration devant l'enfant Jésus couché sur les genoux de la Vierge.

35 — Portrait d'Eugénie Clara. Très bon tableau d'école.

GOYEN (Jean Van).

36 — Au milieu d'une plaine rafraîchie par une rivière, la vue se porte sur une église qui s'élève près de quelques habitations; c'est le temps de la récolte, les blés sont encore en gerbes; un chariot traîné par un cheval blanc, et des villageois, parcourent le pays sur différens points.

Un esprit de touche inimitable rachète bien la simplicité de cette composition.

37 — Des pêcheurs vont amarrer leur bateau au bas d'un tertre couronné d'un bouquet d'arbres et formant une île à la pointe de laquelle paissent des bestiaux. Au delà du fleuve, une ville se détache à l'horizon.

38 — A peu de distance d'un hameau, deux villageois se reposent sous des arbres qui ombragent des chaumières.

39 — Vue d'un village situé au bord de la mer : des groupes de figures sont épars çà et là.

GOYEN (Manière de Jean Van).

40 — Paysage-marine. Des militaires dans un bac traversent un fleuve au delà duquel on aperçoit le clocher d'une église et les toits de maisons masquées par un taillis.

41 — Un garde de chasse et une femme tenant un panier, causent avec un homme couché sur le bord d'un chemin qui, d'un côté, aboutit à un bois, et de l'autre conduit à un village entouré d'arbres.

HOOGH (Genre de Pieter de).

42 — Assise sur un banc, devant une table couverte de fruits, une jeune fille, vêtue d'une jupe de satin et d'un corsage rouge, présente un gâteau à son chien, pour le faire tenir debout.

HUGTENBURGH (Jean Van).

43 — Combat acharné entre deux partis de cavalerie, dont l'un attaque et l'autre défend un convoi.

On ne peut mieux exceller dans l'expression, ni joindre à une grande vigueur de coloris un pinceau plus flou et plus moelleux.

KESSEL (Jean Van).

44 — Composé de mille fleurs différentes, rassemblées dans un baquet posé sur un banc de pierre, où sont éparses quelques feuilles sur lesquelles voltigent des insectes.

KUYP (Genre d'Albert).

45 — Portrait d'une jeune fille, représentée en bergère, et gardant des moutons.

KUYP (Gérits).

46 — A peu de distance du village de Scheveninghen, des pêcheurs, rassemblés sur les dunes qui

bordent la mer, étalent leur poisson aux regards des acquéreurs.

Composition où l'on compte plus de trente figures peintes avec une facilité et une hardiesse remarquables.

MOLENAER (Klaas).

47 — Deux villageois se reposent sur le gazon, au bord d'une rivière, que deux barques s'apprêtent à traverser ; elle coule au pied de chaumières entourées d'arbres, construites moitié en briques, moitié en planches, et couvertes de tuiles et de chaume.

Paysage d'une couleur riante et d'une composition des plus pittoresques.

MOLENAER (Genre de).

48 — Divers groupes de villageois, à l'entrée d'un hameau ombragé d'arbres.

MOLENAER (Jean).

49 — Dans l'intérieur d'une chambre rustique, des paysans flamands fument assis autour d'une table ; un enfant frappe sur un cochon, un homme se chauffe près d'une cheminée, et une femme pose un baquet sur un dressoir; divers ustensiles de cuisine sont répandus çà et là

MOLYN (Pierre).

50 — Sur un tertre sablonneux, planté de rares bou-

quets d'arbres, un paysan et sa femme passent dans un enclos entouré de planches.

NEEFS (Pœeter).

51 — Intérieur d'église, dont la vue est prise vis-à-vis du chœur, à la lueur des flambeaux; à droite, on distingue une des châpelles latérales, et à gauche, l'entrée de la sacristie.

Les effets de nuit de Peeter Neefs sont surtout fort estimés, parce qu'il sut, par des oppositions vives, produire toute l'illusion qu'il désirait.

NETSCHER (Constantin).

52 — Jupiter, sous les traits de Diane, séduit la nymphe Calisto; près de l'aigle du Dieu, et caché dans un buisson, l'Amour soulève le masque qui couvrait son visage.

Un ton chaud et une couleur transparente distinguent cette production.

NETSCHER (Genre de).

53 — Jeune dame, en robe de satin blanc, prenant sa leçon de musique; elle est accompagnée par son maître, qui joue du violon.

QUAST (Pierre).

54 — Rixe entre trois paysans dans un cabaret : la table est déjà renversée, et l'un d'eux armé d'un pot, se dispose à en frapper celui qui a saisi un couteau.

Peint à l'instar des productions de Brauwer.

QUINTYN MESSYS (Attribué à).

55 — Philosophe en méditation, le doigt appuyé sur une tête de mort, et assis devant une table, sur laquelle se trouvent, un livre placé sur un chapeau de cardinal, un encrier, des lunettes, un chandelier, d'autres livres et un vase ; une horloge ancienne est suspendue à la muraille.

REGEMORTER.

56 — Paysage ; effet de clair de lune. Des paysans ont allumé un feu devant une cabane située sur le bord d'un fleuve ; l'un d'eux s'avance avec un panier pour chercher du poisson que des pêcheurs vont retirer de leurs filets.

ROMBOUTS.

57 — Un homme à cheval passe à côté d'un paysan qui porte un paquet ; il se dirige vers un bois, au milieu duquel s'élève le clocher d'une chapelle. Dans le lointain, on aperçoit une vieille tour et plusieurs clochers masqués par des taillis ; à gauche l'entrée d'un bois.

Ce petit tableau est d'un effet très heureux.

STAVERENUS.

58 — Le baptême de l'eunuque de la reine de Caudace.

TILBURGH (Egidius Van).

59 — Rassemblés dans la cour d'une hôtellerie des paysans entourent quatre d'entre eux qui forment un quadrille et dansent au son d'un violon et d'une cornemuse.

VERDOEL (Attribué à Adrien).

60 — Tandis que Dalila, d'après sa promesse de livrer Samson aux Philistins, tient ce héros endormi sur ses genoux, et lui fait couper les cheveux, des soldats entrent, pour se saisir de sa personne; elle leur fait signe de garder le silence, jusqu'à ce que sa chevelure soit entièrement coupée.

Nous n'avons jamais vu d'ouvrage de ce peintre; il est cité dans Décamps comme un des meilleurs élèves de Rembrandt. Ceux qui lui ont attribué ce tableau avaient sans doute quelques bonnes raisons pour le faire; mais, ce qui est évident, c'est son mérite incontestable.

WOUWERMAN (Genre de Pierre).

61 — Attaque d'un convoi au pied de collines boisées.

PAR ET D'APRÈS DIFFÉRENS MAITRES.

62 — Paysage à l'imitation de Swanevelt.
63 — Groupe de quatre figures. Ecole espagnole.
64 — Paysage au soleil levant, par Hue.
65 — Chaumières ombragées d'arbres.
66 — Derrière un bois taillis, au milieu d'un paysage, se voient les restes d'une tour en ruine.
67 — Intérieur de corps-de-garde hollandais.
68 — Paysage traversé par une rivière, sur les bords de laquelle s'élèvent quelques fabriques; par Martin Both.
69 — Vénus sortant de l'onde.
70 — Le sujet de la Samaritaine.
71 — Trois personnes partant pour la chasse, suivent un chemin qui tourne derrière un coteau boisé. Ecole moderne.
72 — Canal glacé, couvert de patineurs et de gens qui se promènent en traîneaux. Ecole flamande.
73 — Etude prise aux environs de Paris.
74 — Un Ecce homo. Ecole espagnole.
75 — Une chasse au cerf.
76 — La Vierge, les trois Maries, le disciple Jean et deux soldats au pied de la croix, sur laquelle Notre-Seigneur est près d'expirer.
77 — Portrait d'un moine à barbe grise et vêtu de noir.
78 — Des flamands se livrent à tous les plaisirs de la table.
79 — Intérieur d'une tabagie flamande. Genre de Teniers.
80 — Paysage : une femme montée sur un âne, tra-

verse un gué avec son troupeau ; par un Allemand.

81 — Portrait d'un jeune garçon. Pastel à l'imitation de Greuze.

SECONDE PARTIE.

(Cette seconde division de notre Catalogue est encore plus succincte que la première, parce qu'il ne nous a pas été possible d'y donner tout le temps qu'elle réclamait.)

ANCIENNES ÉCOLES DE FLORENCE ET DE SIENNE.

(Pour mettre plus en évidence nos vingt tableaux de l'ancienne école d'Italie, nous les avons réunis en une seule suite, et d'après l'ordre chronologique dans lequel les peintres ont vécu.)

GIOTTO (Ecole du). Commencement du quatorzième siècle. (Ecole florentine.)

82 — Saint Jean-Baptiste, Sainte Catherine et deux saintes femmes, sont debout de chaque

côté d'un trône sur lequel la Vierge est assise avec son fils. Fond doré.

Même École.

83 — Un Calvaire.

MEMMI (Simon), né en 1284, mort en 1344. (Ecole siennoise.)

84 — La décolation de saint Jean-Baptiste. Fond doré.

STEFANO, né en 1301, mort en 1350, élève de Giotto. (École florentine.)

85 — Quatre tableaux représentant trois saints et une sainte. Fond doré.

GIOTTINO (Attribué à Tommaso de Stefano), né en 1324, mort en 1356. Elève de Stefano, Florentin. (Même école.)

86 — Jésus assis sur les bras de sa mère, tient un oiseau à la main. Fond doré.

STARNINA (Gherardo), né en 1354, mort en 1403, élève d'Antonio de Venise. (Ecole florentine.)

87 — La Vierge, assise sur un trône, soutient l'enfant Jésus, debout sur ses genoux. Fond doré.

BARTOLI (Taddeo), né en 1355, mort en 1414. (Ecole siennoise.)

88 — Une Annonciation représentée sur deux volets. Fond doré.

FABIANO (Gentile da), travaillait vers 1420. (Ecole siennoise).

89 — Tableau à volets ; sur la partie du milieu on voit la Vierge avec l'enfant Jésus, assis entre saint Jean et un autre saint personnage ; les volets représentent des saints et des saintes, et le sujet de l'Annonciation.

Les ouvrages de ce maître ont du rapport avec ceux de Fiesole.

DELLO, né en 1372, mort en 1421. (Ecole florentine).

90 — Un jugement.
91 — Sujet inconnu.

LIPPI (Fra Filippo), né vers l'an 1400, mort en 1469. (Ecole florentine). On ne connaît pas son maître.

92 — Le petit saint Jean adore l'enfant Jésus debout sur une table devant sa mère qui le soutient. Fond doré.

DIAMANTE (F.), élève de Filippo Lippi. (Ecole florentine.)

93 — La Vierge porte l'enfant Jésus dans ses bras.

CARTAGNO (Andrea del), né vers l'an 1400, mort à l'âge de 74 ans. Il fut imitateur de Masaccio. (Ecole florentine.)

94 — Un Ecce homo.

BENOZZO GOZZOLI, né vers l'an 1400, est mort à l'âge de 78 ; il fut élève de Fiesole. (Ecole florentine.)

95 — La Vierge en adoration devant Jésus couché à

terre sur un tapis ; derrière elle, saint Joseph est assis, la tête appuyée dans sa main.

ROSELLI (Cosimo), né en 1416, mort en 1484. (École florentine.)

96 — Des anges adorent l'enfant Jésus assis sur les genoux de la Vierge.

SIGNORELLI (Luca), né en 1440, mort en 1521, élève de Pietro della Francesca. (Ecole florentine.)

97 — La Vierge vue à mi-corps avec l'enfant Jésus debout devant elle.

INCONNU.

98 — La Vierge et l'enfant. Fond doré.

(Nous insérons sous le numéro suivant, un ouvrage de Martin Schoen, qui, étant le seul que nous possédions de l'école allemande, ne peut mieux être classé qu'à la suite de ces vingt tableaux).

SCHOEN (Martin), ou Schongauer, né vers l'an 1440, mort en 1499. (Ecole allemande.)

99 — L'enfant Jésus endormi dans les bras de sa mère, appuyée sur une table de marbre.

PAR DES MAITRES DES DIFFÉRENTES ÉCOLES D'ITALIE.

CORRÈGE (D'après le).

100 — Copie d'après la Madeleine du musée royal de Dresden.

CRIVELLI.

101 — Combat de chiens et de chats.

OUASPRE (Style du).

102 — Paysage traversé par une rivière qui, après divers circuits, forme une cascade, et se répand sur le devant de la composition, où l'on voit plusieurs figures qui viennent puiser de l'eau ; au second plan, un pâtre garde des moutons, et au delà du fleuve des fabriques et un massif d'arbres se détachent devant une chaîne de montagnes qui borne l'horizon.

GUIDE (École du).

103 — L'enfant Jésus et sainte Anne, regardent le petit saint Jean que la Vierge fait boire dans une jatte.

MARATTE (Carlo).

104 — La Vierge Marie, au moment où l'enfant Jésus se réveille, soulève le voile qui le couvrait : saint Joseph et deux chérubins président à cette scène.

MOLA (François).

105 — Le petit saint Jean à genoux baise le pied du Sauveur assis sur sa mère : deux chérubins apparaissent dans les airs.

PARMESAN (École du).

106 — Une sainte famille. Tableau de forme ronde.

TINTORET (Ecole du).

107 — Adoration des mages.

SUITE A L'ÉCOLE FRANÇAISE.

BOILLY (Louis Léopold).

108 — Jeune fille assise dans la campagne, et occupée à lire.
109 — Jeune femme à la promenade.

CHARPENTIER.

110 — Deux tableaux : La marchande de fleurs et la marchande de fruits.

CLAUDE LORRAIN (Style du).

111 — Vue d'un port de mer orné à droite et à gauche de magnifiques monumens, parmi lesquels on remarque un arc de triomphe ; sur le quai plusieurs groupes de figures.

M. DUBOIS (Théodore).

112 — Sur une barque agitée par le plus violent orage, trois pêcheurs n'ont plus d'autre espoir que le secours d'un vaisseau qu'on aperçoit dans l'éloignement.

FRAGONARD.

113 — Paysage : un pâtre chasse devant lui son trou-

...peau qui traverse un gué ; dans le fond, un moulin à vent s'élève au dessus d'un taillis.

Melle LACHASSAIGNE (Adélaïde).

114 — L'enfant Jésus, assis sur les genoux de sa mère, prodigue les plus tendres caresses à saint Jean-Baptiste ; saint Joseph et un moine les contemplent avec attendrissement.

LANCRET (Genre de).

115 — Deux couples amoureux au milieu d'une campagne ; l'un se repose, et l'autre s'apprête à valser.

PERIN.

116 — Portrait en pied de mademoiselle Dutey, célèbre actrice de son temps.

TAUNAY.

117 — Etude de paysage.

VALLIN.

118 — Triomphe d'Amphitrite.

SUITE AUX ÉCOLES FLAMANDE ET HOLLANDAISE.

BALEN (Jean Van).

119 — Saint François soutient l'enfant Jésus sur un morceau de rocher, et lui présente une branche de lis ; des anges tiennent une couronne de fleurs au dessus de leurs têtes.

120 — Diane au bain, entourée de ses nymphes, découvre la grossesse de Calisto.

CARRÉ (Michel).

121 — Une femme allaitant son enfant, et un villageois qui joue de la cornemuse, gardent ensemble un troupeau de gros et menu bétail.

Ouvrage composé et peint tout-à-fait dans la manière de van Berghen.

FRANCK (Sébastien).

122 — Un ange soutient le corps de Jésus-Christ qui va être déposé dans le tombeau.

POORTEN (H. Vander).

123 — Deux moutons et une chèvre gardés par une bergère.

QUERFURT (Auguste).

124 — Deux tableaux : un départ et une halte de chasse. Charmantes compositions traitées dans la manière de Wouwerman.

TENIERS (Attribué à David le Vieux).

125 — Devant une hôtellerie un joueur de cornemuse fait danser des villageois ; sur le premier plan un pâtre, assis près d'une paysanne, joue de la flûte à bec tout en gardant son troupeau.

PAR ET D'APRÈS DIFFÉRENS MAITRES.

126 — Paysage avec ruines.
127 — Les petits Savoyards. Attribué à Droling.
128 — Une bonne d'enfant tient près d'elle une petite fille qui s'amuse à faire manger des cerises à des moutons; derrière eux, un petit garçon, couché sur l'herbe, préfère les manger lui-même.
129 — Passage du gué.
130 — Paysage avec figurines peintes à l'imitation de Teniers.
131 — Herminie et les bergers. Attribué à Jean Miel.
132 — Le médecin aux urines, par Bilcoq.
133 — Une Sainte famille.
134 — Une copie, d'après l'Albane.
135 — Gibier mort; attribué à Van Helst.
136 — Le triomphe de David, école des Franck.
137 — Paysage, d'après Malbranche.
138 — Un autre, d'après M. Grailly.
139 — Paysage signé Devanchelle.
140 — Portrait de femme. Genre de Netscher.
141 — Une Sainte famille.
142 — Deux petites scènes d'intérieur composées dans la manière de Greuze.
143 — Peinture sur porcelaine, représentant une dame à sa toilette.
144 — Le Baiser, attribué à Fragonard.
145 — Portrait présumé celui du marquis Spinola.
146 — Tableaux omis au présent catalogue.

www.ingramcontent.com/pod-product-compliance
Lightning Source LLC
Chambersburg PA
CBHW030108230526
45471CB00003B/1315